まちごとチャイナ

Zhejiang 006 Ningbo
はじめての寧波

日本へつながる「海の駅」

Asia City Guide Production

【白地図】寧波と長江デルタ

CHINA
浙江省

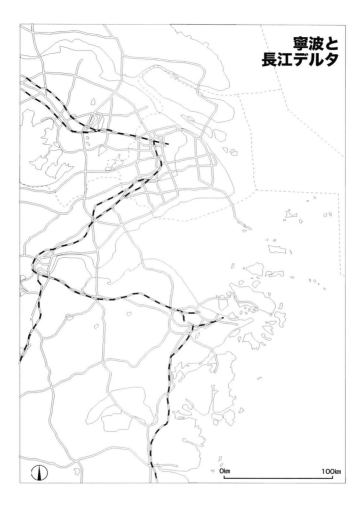

【白地図】寧波

CHINA
浙江省

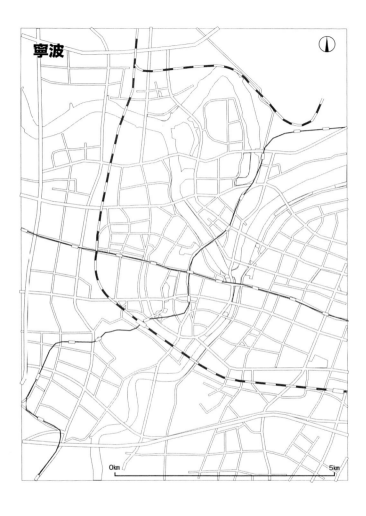

【白地図】旧城西部（天一閣）

CHINA
浙江省

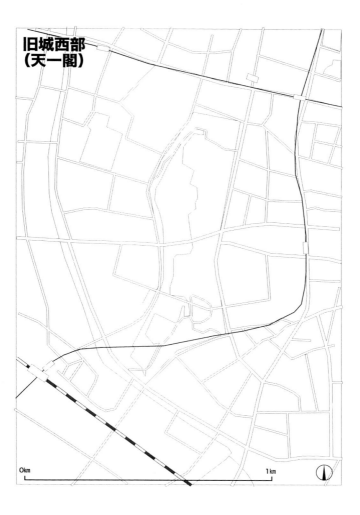

【白地図】旧城東部（城隍廟）

CHINA
浙江省

【白地図】三江口（老外灘）

CHINA
浙江省

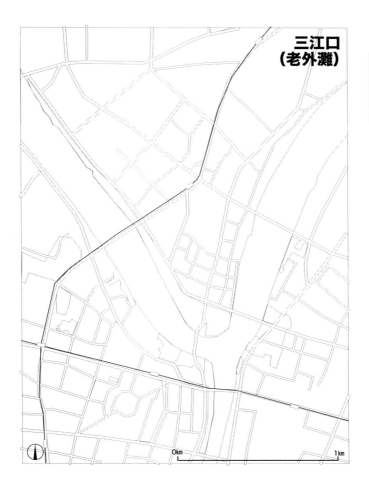

【白地図】寧波東郊外

CHINA
浙江省

寧波東郊外

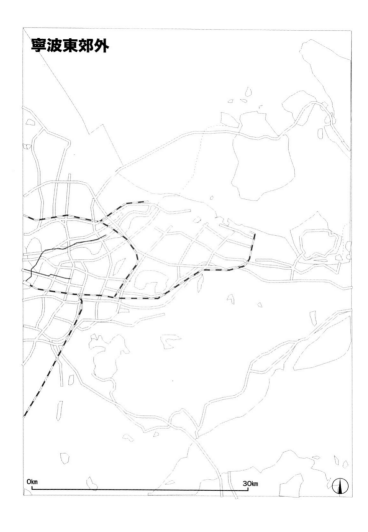

Ningbo 白地図

【白地図】阿育王寺と天童寺

CHINA
浙江省

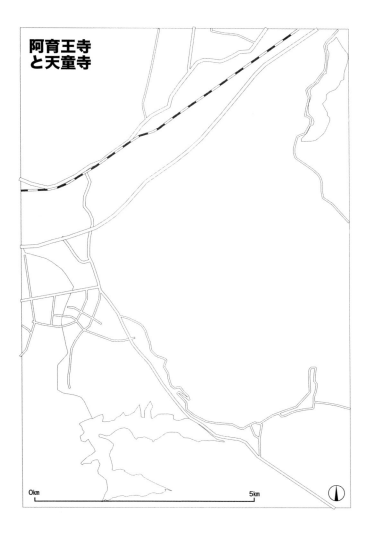

【白地図】寧波郊外と開発区

CHINA
浙江省

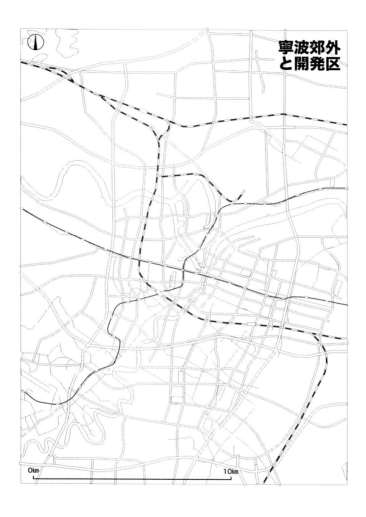

寧波郊外と開発区

Ningbo 白地図

【まちごとチャイナ】
浙江省 001 はじめての浙江省
浙江省 002 はじめての杭州
浙江省 003 西湖と山林杭州
浙江省 004 杭州旧城と開発区
浙江省 005 紹興
浙江省 006 はじめての寧波
浙江省 007 寧波旧城
浙江省 008 寧波郊外と開発区
浙江省 009 普陀山
浙江省 010 天台山
浙江省 011 温州

CHINA
浙江省

甬江を通じて東海に続く、浙江省を代表する港町の寧波。寧波北西25km郊外の河姆渡遺跡では、7000年前にさかのぼる稲作跡が確認され、漁撈、稲作の文化はここから日本に伝わったという。

　立地や海流の関係から、寧波は1000年に渡って対日本交渉の窓口となり、遣唐使、入宋の仏僧（日宋貿易）、遣明使（勘合貿易）らが訪れ、日本人にもっとも親しまれる中国の街だった。中世、最先端の中国仏教を学んだ栄西や道元ゆかりの阿育王寺や天童寺といった名刹には今も多くの人びとが訪れて

はじめての寧波
Ningbo 宁波 Níngbō ニィンボオ

いる。

　南洋と北洋が交わり、運河（水路）を通じて中国内陸へ続く要衝という寧波の性格は、1840〜42年のアヘン戦争以後、上海へ受け継がれた。西欧の進出とともに上海は急速に発展したが、その上海形成に大きく関わったのが移住した寧波人（浙江財閥）だった。2008年、寧波と上海を結ぶ杭州湾跨海大橋が完成し、両者の距離はより近くなっている。

【まちごとチャイナ】
浙江省 006 はじめての寧波

目次

はじめての寧波 ………………………………… xviii

波寧らかな港町ニンポー ……………………… xxiv

寧波旧城城市案内 ……………………………… xxxv

三江口城市案内 ………………………………… xlviii

寧波郊外城市案内 ……………………………… lviii

開発区城市案内 ………………………………… lxix

城市のうつりかわり …………………………… lxxv

【MEMO】

Ningbo はじめての寧波

【地図】寧波と長江デルタの [★★★]
- [ ] 阿育王寺 阿育王寺アアユウワァンスウ
- [ ] 天童寺 天童寺ティエントォンスウ

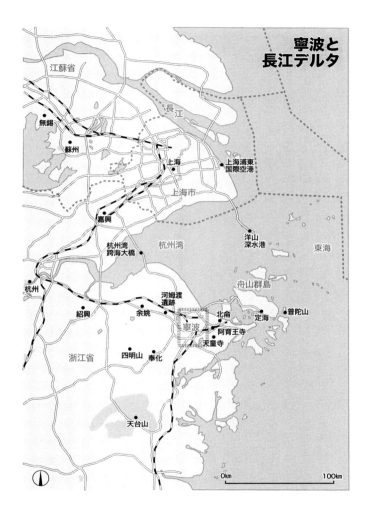

波寧らかな港町ニンポー

CHINA
浙江省

文字や書籍を通してだけではなく
直接、耳で「寧波」の街名を聴いてきた日本人
この街は「ネイハ」ではなく「ニンポー」と呼ばれる

海にひらけた港町

日本と中国大陸のあいだに横たわる東海には、春夏の「南西モンスーン（梅雨）」と秋冬の「北東モンスーン」が吹く。この海上の季節風を利用した日中間の往来は、弥生時代にまでさかのぼり、港町寧波は中国の対日拠点となってきた（南西風に乗ると、3日間〜1週間ほどで寧波から日本に到着したという）。日宋貿易を進めた平清盛、仏僧の栄西や道元が活躍した平安末期から鎌倉時代は、中国では宋元時代にあたり、寧波と博多を結ぶ航路（「大洋路」）を使って、多くの人、もの（交易品）、金、文化が行き交った。また南北に続く中

波寧らかな港町ニンポー Ningbo

国の長い海岸線にあって、寧波はちょうどその中央部にあたり、緯度の異なる南北の人びとの求めあう茶、塩、木材、綿花といった物産が寧波に集散された。道は寧波から浙東運河（京杭大運河延長線）を伝わって、杭州、蘇州はじめ内陸の街へと伸びていた。

上海と二巨塔目指す

杭州湾をはさんで、頂点が東海に突き出すように見える南北ふたつの三角形。北側は近代以降に発展をとげた中国最大の都市上海で、それより昔は南側の寧波が江南を代表する港

CHINA
浙江省

▲左 城隍廟歩行街のにぎわい。 ▲右 黒の屋根瓦と白の漆喰壁がコントラストを描く

だった（唐代に揚州、宋代以降は寧波が台頭した）。1842年、アヘン戦争で中国が敗れると、広州・厦門・福州・寧波・上海が開港され、香港島はイギリスに割譲された。小さな県城のあるばかりだった上海の発展に大きく寄与したのが寧波人で、上海に移住した寧波人は西欧商人と地元の中国人を仲介する買弁（浙江財閥）として活躍した。1990年代以降、上海がいちじるしい経済成長をとげ、大きく迂回しなくてはならなかった寧波と上海を2時間圏に短縮する杭州湾跨海大橋が2008年にかけられた。中国屈指の深水港である寧波北侖港は、上海港を脅かす存在として台頭し、上海を「龍の頭」に、

【MEMO】

Ningbo 波寧らかな港町ニンポー

CHINA
浙江省

寧波(杭州湾南岸)と南通(長江北岸)を「龍の目」にたとえる、巨大な大上海経済圏をつくっている。

中国仏教の聖地

寧波郊外には、アショカ王に通ずる舎利信仰の阿育王寺、道元が学んだ天童寺といった高名な仏教寺院が立ち、さらに海上には「中国四大仏教聖地のひとつ」普陀山、「天台宗の総本山」天台山も近くに位置する。これらの仏教寺院は、杭州を都、寧波を外港とした南宋時代に栄えるようになった。南宋政権には寧波出身者が多く、そのひとりの宰相史弥遠は径

▲左　浙東の文人たちを引き寄せた天一閣の蔵書。　▲右　郊外の開発区では奇抜な現代建築がいくつも見られる

山寺、霊隠寺、浄慈寺（以上杭州）、阿育王寺、天童寺（以上寧波）を最高格とする五山十刹の制度を体系化した。この制度は鎌倉と室町時代の日本にも伝わり、日本との船が往来する港町寧波に近い阿育王寺と天童寺に、栄西や道元といった僧侶が訪れている（唐代、五台山に多くの僧侶が訪れたが、南宋では華北を異民族金に奪われたことから、日本の僧侶はおもに浙江の仏教寺院に巡礼した）。寧波は杭州とならぶ仏教文化の中心地となり、ここから鎌倉仏教や茶道をふくむ禅文化が日本に伝わった。

Ningbo 波寧らかな港町ニンポー

CHINA
浙江省

寧波の構成

821年、より内陸部の小渓（鄞江）から、余姚江と奉化江、甬江の集まる「Y字型」をした三江口に行政府が遷された（海から潮がさかのぼってくるなど、古くは淡水の確保などで条件が悪かった）。寧波旧城はふたつの川の流れにあわせるように楕円形の城壁をめぐらせ、東の霊橋門外に寧波港があった。旧城の中心には街のシンボル天封塔が立ち、その北側の鼓楼から中山公園にあたりに行政府がおかれていた。1842年、寧波の開港が決まると、西欧諸国は旧城北側の江北（外灘）に領事館や銀行、商社を構え、また旧城対岸の江東も開発さ

Ningbo 波寧らかな港町ニンポー

れるようになった。現在、寧波南郊外に「鄞州新城」、東郊外に「東部新城」が築かれているほか、古く寧波の外港だった鎮海そばに北侖港擁する「寧波経済技術開発区」がつくられている。また浙江省北部に続く寧紹平原の東端部、平原から山へ遷る地点に仏教寺院の阿育王寺と天童寺が立つ。

【地図】寧波

【地図】寧波の [★★★]
- [ ] 天一閣 天一阁ティエンイイガァ

【地図】寧波の [★★☆]
- [ ] 鼓楼 鼓楼グウロウ
- [ ] 天一広場 天一广场ティエンイイグゥアンチャァン
- [ ] 寧波外灘公園 宁波老外滩公园 ニィンボオラオワイタンゴォンユゥエン

【地図】寧波の [★☆☆]
- [ ] 月湖 月湖ユエフウ
- [ ] 中山公園 中山公园チョンシャンゴォンユゥエン
- [ ] 三江口 三江口サァンジィアンコォウ
- [ ] 慶安会館 庆安会馆チィンアンフイグゥアン

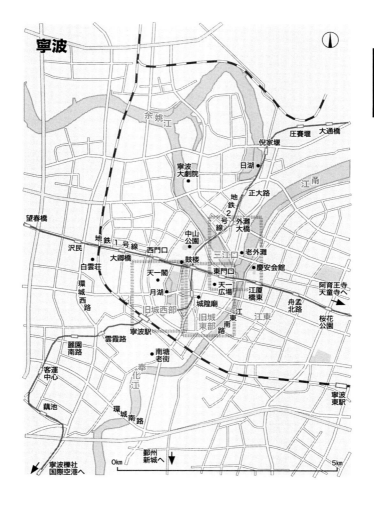

Ningbo 波寧らかな港町ニンポー

【MEMO】

**Guide,
Ning Bo Jiu Cheng**
寧波旧城
城市案内

かつて寧波旧城にたたずんでいた月湖と日湖
日湖はなくなって月湖のみが残り
寧波旧城の古い面影を伝える路地があたりに走る

月湖 月湖 yuè hú ユエフウ [★☆☆]

四明山からの流れを集める南北1000m、東西130mの月湖。唐代、寧波旧城が造営（821年）される以前に開削された湖で、かつては今よりも大きく10の島々が浮かんでいた（天一閣はそのひとつの芙蓉洲に位置した）。あたりは寧波月湖景区に指定されていて、唐宋時代の寧波を今に伝える居士林や賀秘監祠、朝鮮使節のための迎賓館の高麗使館、清代の超然閣などが立つ。寧波に着いた日本の遣明使はここ月湖にあった四明駅から、船に乗って北京へと向かった。

【地図】旧城西部（天一閣）

【地図】旧城西部（天一閣）の [★★★]
- [ ] 天一閣 天一阁 ティエンイイガァ

【地図】旧城西部（天一閣）の [★★☆]
- [ ] 鼓楼 鼓楼 グウロウ
- [ ] 城隍廟 城隍庙 チェンフゥアンミャオ

【地図】旧城西部（天一閣）の [★☆☆]
- [ ] 月湖 月湖 ユエフウ

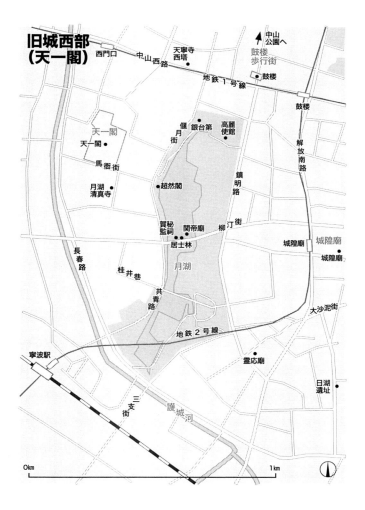

浙江省

天一閣 天一阁 tiān yī gé ティエンイイガァ [★★★]

月湖のほとりに残る天一閣は、1561年、明代の官吏范欽によって建てられた個人蔵書楼。現存する中国でもっとも古い図書館で、天一とは「天一たび水を生ぜば、地六たびこれを成す」という『易経』の注釈に由来する。楼閣の前に池を配置するなど、間や柱の数まで書物を保存するのに最適なつくりとなっていると言われ、『四庫全書』を保管する7つの楼閣はこの天一閣を真似て建てられた（清朝乾隆帝によって、古今東西の書物を編纂が命じられた『四庫全書』は1781年に完成した）。范一族の個人蔵書楼として浙東の地方誌や文

▲左　豊かな水をたたえる月湖、昔はもっと広かった。　▲右　天一閣は現存する中国最古の図書館

学を収蔵したが、盗難などがあいついだことから現在は天一博物館として開館している。正門にあたる秦氏支祠、寧波孔子廟から遷された尊経閣、19世紀末に寧波人の陳魚門が考案した麻雀にまつわる麻雀博物館、博多と寧波を往来する中国商人による「日本国太宰府」からはじまる碑文などが残る。

鼓楼 鼓楼 gǔ lóu グウロウ ［★★☆］

寧波旧城の中心部に立つ鼓楼は、太鼓を打って人びとにときを告げてきた。唐代の821年に寧波旧城が造営されたときの城壁を残し、そのうえに海曙楼と呼ばれた三層の楼閣を載せ

CHINA
浙江省

る(1930年、鼓楼上部に時計塔がくわえられた)。鼓楼の北側は、1998年、鼓楼歩行街として整備され、明清時代を思わせる街並みと店舗が続く。

中山公園 中山公园
zhōng shān gōng yuán チョンシャンゴォンユゥエン[★☆☆]

中山公園門楼、張蒼水記念館(張蒼水は明清交替期、明を再興しようとした人物)、尊経閣、同楽亭などが位置する中山公園。唐代の9世紀に寧波がつくられて以来、行政府がおかれていた場所で、現在でも近くの永寿街、秀水街には明清時

▲左　寧波鼓楼の城壁は唐代にさかのぼるものだという。　▲右　隣家からの防火、またその家の財力を示したうだつが見える

代から続く古い街並みが残っている。中山公園という名前は、「中国革命の父」孫文（孫中山）に由来する。

城隍廟 城隍庙
chéng huáng miào チェンフゥアンミャオ　[★★☆]

明代の1371年に建立された、寧波の「都市の守り神」城隍神をまつる城隍廟。かつて城隍廟では行事ごとの縁日や演劇が開かれ、現在、あたりは多くの店舗が入居する城隍廟商城となっている。17世紀の明清交替期には（異民族の清に反対する）義勇軍が集まるなど、寧波人にとっての政治、宗教

【地図】旧城東部（城隍廟）

【地図】旧城東部（城隍廟）の ［★★☆］
- [ ] 鼓楼 鼓楼グウロウ
- [ ] 城隍廟 城隍庙チェンフゥアンミャオ
- [ ] 天封塔 天封塔ティエンフェンタア
- [ ] 天一広場 天一广场ティエンイイグゥアンチャァン
- [ ] 寧波外灘公園 宁波老外滩公园 ニィンボオラオワイタンゴォンユゥエン

【地図】旧城東部（城隍廟）の ［★☆☆］
- [ ] 江厦 江厦ジィアンシャア
- [ ] 三江口 三江口サァンジィアンコォウ
- [ ] 慶安会館 庆安会馆チィンアンフイグゥアン

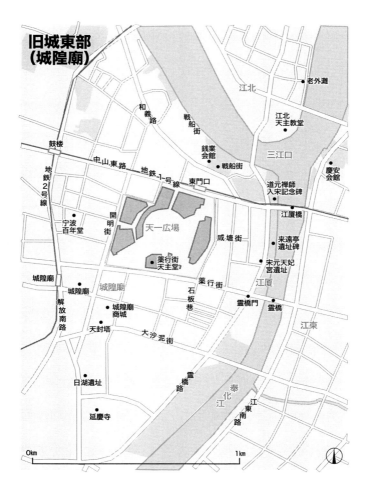

浙江省

センターの役割を果たしてきた。

天封塔 天封塔 tiān fēng tǎ ティエンフェンタア ［★★☆］
城隍廟の南側にそびえる高さ 18m、七層の天封塔。唐代の 695 年に建てられたときは高さ 51m、十三層だったと言われ、長いあいだ寧波旧城のシンボル的存在だった。当時は、三江口近くの寧波港から見えたといい、中世、寧波を訪れた日本人も天封塔の記録を残している。いくども破壊と再建を繰り返し、現在のものは 20 世紀末に建てられた。

▲左　寧波でもっとも人の集まる天一広場。　▲右　城隍廟商城の奥には天封塔が見える

天一広場 天一广场
tiān yī guǎng chǎng ティエンイイグゥアンチャァン[★★☆]

21世紀に入ってから開発された、寧波旧城最大の商業エリアの天一広場。円形広場の周囲には、国際購物中心、銀泰百貨といった大型店舗、高さ66mの薬行街天主堂が立つ。また天一広場の北側を東西に走る中山路、南側を東西に走る薬行街、西側を南北に走る開明街は寧波でもっともにぎわう界隈となっている。

CHINA
浙江省

海の幸を使った寧波料理

杭州料理、紹興料理とならぶ浙江料理の寧波料理。海に近い立地から、海魚や蟹、蝦などを使った料理が多く、塩味でしっかりと味つける（港で働く人たちの舌にあう味）。またこねたもち米のなかに餡をくるんだ「湯圓（タンユゥエン）」は寧波名物と知られる。

Guide, San Jiang Kou
三江口
城市案内

CHINA
浙江省

南西から流れる奉化江と、西から流れる余姚江
両者は三江口で合流して甬江となる
寧波はこの三江口のほとりで育まれた

江厦 江厦 jiāng shà ジィアンシャア ［★☆☆］

寧波旧城の東門（霊橋門）の外側、奉化江とのあいだに広がる波止場の江厦。宋元時代から港がおかれ、東海経由で運ばれてくる物資が陸揚げされる寧波でもっともにぎわう場所だった。かつては銭荘（銀行）や倉庫、茶館がならび、寧波商人や港湾労働者の姿も見えたが、現在は公園として整備されている。寧波旧城と江東を結ぶ霊橋がかかり、日本曹洞宗の道元が入宋したという地点に立つ道元禅師入宋記念碑も立つ。

三江口 三江口
sān jiāng kǒu サァンジィアンコォウ [★☆☆]

余姚江、奉化江が合流し、甬江と名前を変えた流れは25km先の東海へとそそぐ。東海と江南という後背地に通ずる立地が注目され、821年、三江口のほとりに寧波は造営された。甬江は十分な川幅と、5〜8mほどの水深をもつことから大型船でも満潮にあわせて遡航でき、寧波の古名である「甬」は甬江からとられている。

【地図】三江口（老外灘）

【地図】三江口（老外灘）の［★★☆］

- □ 寧波外灘公園 宁波老外滩公园 ニィンボオラオワイタンゴォンユゥエン
- □ 鼓楼 鼓楼 グウロウ
- □ 城隍廟 城隍庙 チェンフゥアンミャオ
- □ 天一広場 天一广场 ティエンイイグゥアンチャァン

【地図】三江口（老外灘）の［★☆☆］

- □ 江厦 江厦 ジィアンシャア
- □ 三江口 三江口 サァンジィアンコォウ
- □ 慶安会館 庆安会馆 チィンアンフイグゥアン

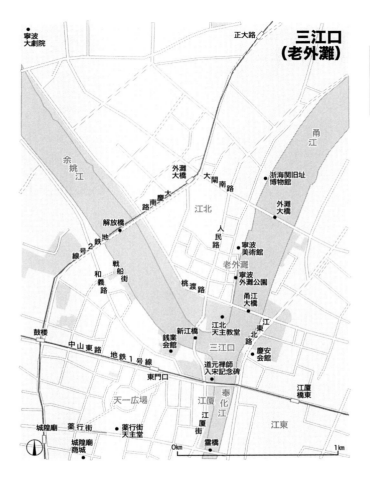

▲左　東海に続く甬江、この河川が寧波を育んだ。　▲右　寧波を代表する近代建築にあげられる江北天主教堂

寧波外灘公園 宁波老外滩公园 níng bō lǎo wài tān gōng yuán
ニィンボオラオワイタンゴォンユゥエン［★★☆］

余姚江をはさんで、寧波旧城北側に対峙する埠頭の寧波老外灘。寧波は中国がイギリスに敗れたアヘン戦争後に開港され、1844年、ここに西欧の商社や銀行が進出した。外灘とは「外国人の岸」を意味し、上海でも同様の居留区が形成された。現在は寧波外灘公園として整備され、19世紀以来のキリスト教会の江北天主教堂、旧中国通商銀行などの石づくりの近代建築、外国と中国との貿易事務を行なった浙海関、寧波美術の発信地となっている寧波美術館が位置する。

【MEMO】

CHINA
浙江省

慶安会館 庆安会馆
qìng ān huì guǎn チィンアンフイグゥアン ［★☆☆］

江東に位置し、寧波の船乗りや商人たちの信仰を集めた媽祖をまつる慶安会館。船乗りや商人はそれぞれの商売や同郷ごとに各地で会館を設立し、情報交換や互助活動、祭りを行なった。この慶安会館は「甬東天后宮」と呼ばれ、寧波と北の北洋を往来した商人の慶安会館（北号会館）、寧波と南の南洋を往来した商人の安瀾会館（南号会館）からなる。後方に「海の守り神」媽祖がまつられ、軸線上に建物がならび、屋根瓦のふかれた中国の伝統的な様式をもつ（媽祖は福建省の巫

▲左　海の守り神をまつった慶安会館。　▲右　寧波美術館、老外灘の一角に立つ

女だったが、歴代王朝の保護を受けて天后にまで地位を高めた）。現在は海事民俗博物館として開館している。

寧波を戦慄させた寧波の乱

室町時代の日本は明と勘合貿易を行ない、遣明船の派遣は日本側に莫大な利益を生んだ（倭寇対策から正規の勘合を明側と日本側でひとつずつもって貿易した）。この遣明船をめぐって、摂津の細川氏と博多の大内氏の争いが1523年、寧波で爆発した事件を「寧波の乱」と言う。先に寧波に着いた大内船に対して、あとから寧波に着いた細川船は古い勘合と明人

CHINA
浙江省

　宋素卿の賄賂によって、寧波で先に陸揚げをすませ、日本人の滞在する嘉賓館での席順も細川氏を大内氏よりもうえにした。これに激怒した大内氏側は、細川船を焼き討ちにし、寧波の街も炎上させた。この寧波の乱は中国では「寧波争貢事件」と呼ばれ、その舞台となった天一広場近くの石板巷には、石碑が残る。

**Guide,
Ning Bo Jiao Qu**

寧波郊外城市案内

CHINA
浙江省

南宋五山のふたつをしめた阿育王寺と天童寺
渡宋した栄西や道元が修行した
日本禅宗祖先庭への旅

阿育王寺 阿育王寺
ā yù wáng sì アアユウワァンスウ [★★★]

インドのアショカ王（紀元前3〜2世紀）が各地に建てた8万4000の仏塔のひとつが残るという阿育王寺。晋代の281年、劉薩訶（慧達）が地下から現れた舎利をここにまつり、のちの405年、伽藍が整備された古刹で、梁の武帝が522年、「阿育王寺（King Ashoka Temple）」と名づけた。育王山の南麓に、天王殿、大雄宝殿、舎利殿と伽藍が展開し、奥の舎利殿には「ブッダの遺灰」舎利がおさめられているという。この阿育王寺は舎利信仰の拠点となり、杭州を都とした呉越国の

▲左　ブッダの遺灰をおさめるための仏塔。　▲右　「アショカ王の寺」を意味する阿育王寺の舎利殿

　銭弘俶はアショカ王にならって各地に8万4000塔の仏塔を建立した。栄西（1141〜1215年）が身を寄せ、重源（1121〜1206年）が材木を寄進して舎利殿を再建したと伝えられるなど、日本仏僧ゆかりの寺でもあり、伽藍の東西にはそれぞれ高さの異なる仏塔が立つ。

【地図】寧波東郊外

【地図】寧波東郊外の [★★★]
- [ ] 阿育王寺 阿育王寺アアユウワァンスウ
- [ ] 天童寺 天童寺ティエントォンスウ

【地図】寧波東郊外の [★☆☆]
- [ ] 東部新城 东部新城ドォンブウシンチャン
- [ ] 北侖 北仑ベェイルゥン

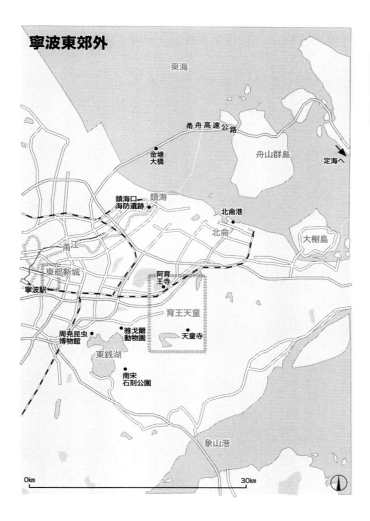

【地図】阿育王寺と天童寺の [★★★]
- [ ] 阿育王寺 阿育王寺アアユウワァンスウ
- [ ] 天童寺 天童寺ティエントォンスウ

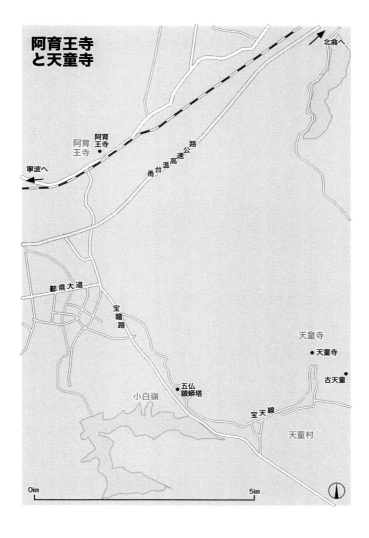

CHINA
浙江省

天童寺 天童寺 tiān tóng sì ティエントォンスウ［★★★］

中国を代表する名僧が住持し、日本曹洞宗を開いた道元が若かりしころ修行した天童寺。晋代の300年、義興が太白山の東麓に仏教精舎を建てるにあたって、「天から童子がおりてきて精舎づくりを手伝った」という故事から天童寺の名前がとられている。現在の天童寺は唐代の757年、宗弼によって古天童から西側に遷して建てたもので、寺院の前方に広がる万工池、その背後に連なる仏殿、法堂といった伽藍は、日本曹洞宗総本山の永平寺（福井）のもととなった（天童寺が周囲を丘陵に囲まれた寧波郊外に残るように、道元が開山した

▲左　天童寺で修行した道元の肖像画や碑も残る。　▲右　天童寺は五山十刹の第3位

永平寺も都から離れて位置する)。道元を顕彰するための碑が東禅堂に残るほか、寺院南東には高さ55.6mの千仏塔もそびえる。

南宋五山

華北を異民族の金に奪われたことから、南宋（1127〜1279年）は杭州を都とし、寧波はその外港にあたった。港町ゆえ異国の富や人が寧波に集まり、この街出身の史弥遠は禅寺を朝廷の管理下におく五山十刹の制度をととのえた。都杭州の径山寺（1位）、霊隠寺（2位）、浄慈寺（4位）、港町寧波の天童

CHINA
浙江省

寺（3位）、阿育王寺（5位）が五山とされ、禅宗のさかんとなった南宋を訪れたのが、平安末期から鎌倉時代にかけての日本の僧侶たちだった。阿弥陀信仰の浄土宗、禅宗の臨済宗や曹洞宗といった仏教が日本に伝えられ、栄西、道元、重源といった人びとは最先端の中国文化の伝来者となった（栄西は浙江の茶樹をもち帰り、現在に続く抹茶を伝えた）。この五山十刹の制度は、鎌倉五山、続く室町時代の京都五山にも伝えられている。

寧波郊外城市案内

保国寺 保国寺 bǎo guó sì バァオグゥオスウ ［★★☆］

寧波市街の北 13kmに位置する保国寺は後漢（25 〜 220 年）時代からの伝統をもつ古刹で、唐代の 880 年、可恭和尚によって重建された。天王殿、大雄宝殿、観音堂、蔵経楼といった伽藍が軸線上にならび、北宋時代の 1013 年に建てられた大雄宝殿は、江南最古の木造建築と知られる。釘を使わず、柱と梁を組みあわせてドーム状の装飾屋根をもつ。

Guide, Kai Fa Qu
開発区
城市案内

寧波から甬江をくだった東海に面する北侖
南郊外の鄞州新城や東郊外の東部新城
寧波郊外の開発区は急速な勢いで発展している

鄞州新城 鄞州新城
yín zhōu xīn chéng イィンチョウシンシャン [★★☆]
寧波から南に5km、衛星都市として開発の進む鄞州新城。瓦をつみあげた外観をもち、海のシルクロードの起点であった寧波の民俗を紹介する寧波博物館や、斯瑪特広場、印象城、銭湖天地といった店舗が集まる大型商業区が位置する。

【地図】寧波郊外と開発区の [★★☆]

- [ ] 鄞州新城 鄞州新城イィンチョウシンシャン
- [ ] 保国寺 保国寺バァオグゥオスウ
- [ ] 寧波外灘公園 宁波老外滩公园 ニィンボオラオワイタンゴォンユゥエン
- [ ] 鼓楼 鼓楼グウロウ

【地図】寧波郊外と開発区の [★☆☆]

- [ ] 東部新城 东部新城ドォンブウシンチャン

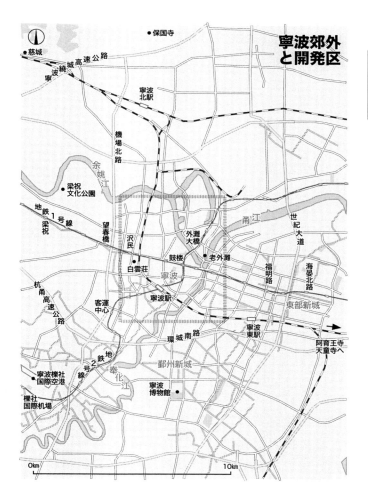

CHINA
浙江省

東部新城 东部新城
dōng bù xīn chéng ドォンブウシンチャン［★☆☆］

21世紀になってから開発された寧波東郊外の東部新城。港の北侖により近い立地をもち、寧波旧城とは地下鉄で結ばれている。寧波中心や寧波国際金融中心、寧波国際会展中心、寧波文化広場など大型プロジェクトが進み、寧波の新たな経済、文化の中心地（中央商務区）となっている。

▲左　東海に面した港からは舟山への船も出る。　▲右　寧波郊外に立つ巨大現代建築の寧波博物館

北侖 北仑 běi lún ベェイルゥン ［★☆☆］

宋元時代から、寧波旧城にいたるには甬江を通じて鎮海を通過する必要があった。長らく寧波の外港であった鎮海東側に新たに開発されたのが北侖で、天然の深水港をもつ北侖港を備える。この北侖は石油化学やエネルギーといった重工業の拠点となっていて、2008年に完成した杭州湾跨海大橋を通じて上海との経済的な結びつきも深まっている。北侖の開発区に位置するアミューズメント・パークの寧波鳳凰山海港楽園、また鎮海には明代の倭寇対策の拠点で、アヘン戦争でも激戦が交わされた鎮海口海防遺跡が位置する。

城市のうつりかわり

千年に渡って日本と中国との
交渉窓口がおかれてきた寧波
学術文化、仏教、海のシルクロードをめぐる歩み

寧波以前（〜8世紀）

寧波北西25kmの郊外に残る今から7000年前の集落河姆渡遺跡。稲作と漁撈を糧とした人びとの営みが確認され、中国でもっとも古い新石器時代の遺構に分類される。東海に突き出した浙東は、紀元前5世紀、越王勾践の句章港がおかれるなど、古くから貿易によって栄えてきた。当時はまだ寧波に街はなく、寧波北西の慈城近くの「句章」と、東の阿育王寺近くの「鄞県（鄞とは貿易を意味する）宝幢」に行政府があり、紀元前210年、寧波北20kmの慈渓から徐福が不老不死の仙薬を求めて出港している。こうしたなか東晋の399年、孫恩

CHINA
浙江省

の反乱で句章は荒廃し、行政府は寧波南西20kmの小渓（鄞江）に遷った。

唐呉越（8〜10世紀）

唐代なかばまで寧波の地は、紹興を都とする越州の一部だったが、海上交易の高まりとともに738年、越州の東半分が割譲され、新たに明州が生まれた（明州という名前は、寧波南西の四明山からとられた）。821年、小渓（鄞江）からより交通の便のよい三江口に行政府が遷され、現在の鼓楼から中山公園あたりに市城（内城）、898年に明州刺使黄晟がそ

▲左　経済力にくわえ文化力も高まっている、寧波大劇院にて。　▲右　周囲の農村から集まった新鮮な野菜を売る市場

Ningbo　城市のうつりかわり

れを囲む外城を築いている（892年、明州長官となった黄晟は良政を行ない、伖飛廟にまつられることになった）。唐代、610年開削の京杭大運河が機能するようになり、南端の杭州から延長にあたる浙東運河が寧波へと続き、寧波と華北経済の連結が進んだ。唐末以後の分裂状態にあって杭州を都とした呉越国（907〜978年）は、海上交易に力を入れ、小さな海上帝国とも言える様相を呈していた。この時代、仏教が保護され、阿育王寺の舎利信仰が江南や日本に広まった。

CHINA
浙江省

宋元（10〜14世紀）

呉越国時代の海上交易の高まりもあって、続く宋代の寧波には広州、泉州とともに市舶司がおかれた。領土の北半分を金に奪われた南宋（1127〜1279年）は、杭州に南遷し、このとき多くの漢族が寧波に移住したことによって、唐末から南宋にかけて寧波の人口は2倍になったという（金はいったん寧波を占領している）。南宋皇帝の寧宗は皇太子時代に明州（寧波）観察使をつとめたことから、即位後に年号を慶元とあらため、1196年、寧波は慶元府と呼ばれた。南宋の宮廷では宰相史弥遠をはじめとする多くの寧波出身者が、官吏と

して活躍している。五山十刹のうち阿育王寺と天童寺のふたつが寧波におかれ、南宋から元にかけての街は黄金時代とも呼べる繁栄を見せた。寧波と博多の航路を活用して、栄西や道元、重源など日本の仏僧が寧波を訪れたのがこの時代だった。

明清（14〜19世紀）

元末の混乱のなかで、台州出身の方国珍が舟山をふくめて勢力をにぎり、寧波にも進出した。やがて朱元璋（1328〜98年）が政権を手にして明朝を樹立したが、浙東では倭寇が海

CHINA
浙江省

賊行為を行なっていた。1381年、国号の「明」と重なるのをさけるねらいと、海賊平定の意味をこめて、明州から「寧波（海が定まって波は寧し）」に改名された。こうしたなかで日本と明のあいだで勘合貿易が進められ、寧波は室町幕府の遣明使が訪れる窓口となった（また明代、市場経済の成立とともに都市と農村が連結して、寧波郊外に多くの鎮や市場が形成された）。寧波は多くの科挙合格者を出す学術都市と知られ、文人たちの活躍する義塾や私塾が多く開かれた。明末清初の寧波や余姚では、「二君に仕えず」という儒教的価値観から、反清復明の舞台となり、それをかなえられなかっ

▲左　栄西そして道元が訪れた天童寺。　▲右　街のいたるところに石碑が残る、寧波は日本と長い関係を築いてきた

た朱舜水（1600〜82年）はこの地から日本に亡命している。清代、江戸幕府が鎖国政策をとったたため寧波を通じた日中間の往来は減り、おもに中国船が寧波や乍浦、長江口、福建から長崎出島に向かった。

近現代（19〜21世紀）

アヘン戦争（1840〜42年）以後、寧波は上海などとともに中国で最初に開港され、旧城北側の江北が発展した（また1861年、太平天国軍に寧波は占領されている）。以来、港町寧波の地位や役割は、上海にとって代わられたが、寧波商人

CHINA
浙江省

は新興都市上海に進出して浙江財閥を形成した。清朝から中華民国の孫文、蔣介石（浙江財閥の力を借りた）へと権力者が遷るなかで、寧波城壁は1930年に撤去され、1945年に日中戦争は終結、1949年に中華人民共和国が成立した。現在では三江口の寧波旧城を中心に、東側に東部新城、南側に鄞州新城がつくられ、市街地は拡大している。また東海に面した北侖は開発区がおかれ、巨大な長江デルタ経済圏を構成する。1000年以上に渡って海のシルクロードの起点だった豊かな文化、歴史をもつ港町寧波には豊富な遺構や景勝地が残っている。

Ningbo

城市のうつりかわり

参考文献

『中国の歴史散歩 3』(山口修・鈴木啓造 / 山川出版社)

『文化都市寧波』(早坂俊廣編 / 東京大学出版会)

『くらしがつなぐ寧波と日本』(高津孝編 / 東京大学出版会)

『聖地寧波(ニンポー)』(奈良国立博物館編集 / 奈良国立博物館)

『中国都市史』(斯波義信 / 東京大学出版会)

『天童寺特集』(禅研究所紀要)

『世界大百科事典』(平凡社)

[PDF] 寧波地下鉄路線図 http://machigotopub.com/pdf/ningbometro.pdf

まちごとパブリッシングの旅行ガイド
Machigoto INDIA , Machigoto ASIA , Machigoto CHINA

【北インド - まちごとインド】

001 はじめての北インド
002 はじめてのデリー
003 オールド・デリー
004 ニュー・デリー
005 南デリー
012 アーグラ
013 ファテープル・シークリー
014 バラナシ
015 サールナート
022 カージュラホ
032 アムリトサル

【西インド - まちごとインド】

001 はじめてのラジャスタン
002 ジャイプル
003 ジョードプル
004 ジャイサルメール
005 ウダイプル
006 アジメール（プシュカル）
007 ビカネール
008 シェカワティ
011 はじめてのマハラシュトラ
012 ムンバイ
013 プネー
014 アウランガバード
015 エローラ
016 アジャンタ
021 はじめてのグジャラート
022 アーメダバード
023 ヴァドダラー（チャンパネール）
024 ブジ（カッチ地方）

【東インド - まちごとインド】

002 コルカタ
012 ブッダガヤ

【南インド - まちごとインド】

001 はじめてのタミルナードゥ
002 チェンナイ
003 カーンチプラム
004 マハーバリプラム
005 タンジャヴール
006 クンバコナムとカーヴェリー・デルタ
007 ティルチラパッリ
008 マドゥライ
009 ラーメシュワラム
010 カニャークマリ
021 はじめてのケーララ
022 ティルヴァナンタプラム
023 バックウォーター（コッラム〜アラップーザ）
024 コーチ（コーチン）
025 トリシュール

【ネパール - まちごとアジア】

001 はじめてのカトマンズ
002 カトマンズ
003 スワヤンブナート

004 パタン
005 バクタプル
006 ポカラ
007 ルンビニ
008 チトワン国立公園

【バングラデシュ - まちごとアジア】

001 はじめてのバングラデシュ
002 ダッカ
003 バゲルハット（クルナ）
004 シュンドルボン
005 プティア
006 モハスタン（ボグラ）
007 パハルプール

【パキスタン - まちごとアジア】

002 フンザ
003 ギルギット（KKH）
004 ラホール
005 ハラッパ
006 ムルタン

【イラン - まちごとアジア】

001 はじめてのイラン
002 テヘラン
003 イスファハン
004 シーラーズ
005 ペルセポリス
006 パサルガダエ（ナグシェ・ロスタム）
007 ヤズド
008 チョガ・ザンビル（アフヴァーズ）
009 タブリーズ

010 アルダビール

【北京 - まちごとチャイナ】

001 はじめての北京
002 故宮（天安門広場）
003 胡同と旧皇城
004 天壇と旧崇文区
005 瑠璃廠と旧宣武区
006 王府井と市街東部
007 北京動物園と市街西部
008 頤和園と西山
009 盧溝橋と周口店
010 万里の長城と明十三陵

【天津 - まちごとチャイナ】

001 はじめての天津
002 天津市街
003 浜海新区と市街南部
004 薊県と清東陵

【上海 - まちごとチャイナ】

001 はじめての上海
002 浦東新区
003 外灘と南京東路
004 淮海路と市街西部
005 虹口と市街北部
006 上海郊外（龍華・七宝・松江・嘉定）
007 水郷地帯（朱家角・周荘・同里・甪直）

【河北省 - まちごとチャイナ】

001 はじめての河北省
002 石家荘
003 秦皇島
004 承徳
005 張家口
006 保定
007 邯鄲

【江蘇省 - まちごとチャイナ】

001 はじめての江蘇省
002 はじめての蘇州
003 蘇州旧城
004 蘇州郊外と開発区
005 無錫
006 揚州
007 鎮江
008 はじめての南京
009 南京旧城
010 南京紫金山と下関
011 雨花台と南京郊外・開発区
012 徐州

【浙江省 - まちごとチャイナ】

001 はじめての浙江省
002 はじめての杭州
003 西湖と山林杭州
004 杭州旧城と開発区
005 紹興
006 はじめての寧波
007 寧波旧城
008 寧波郊外と開発区
009 普陀山
010 天台山
011 温州

【福建省 - まちごとチャイナ】

001 はじめての福建省
002 はじめての福州
003 福州旧城
004 福州郊外と開発区
005 武夷山
006 泉州
007 厦門
008 客家土楼

【広東省 - まちごとチャイナ】

001 はじめての広東省
002 はじめての広州
003 広州古城
004 天河と広州郊外
005 深圳（深セン）
006 東莞
007 開平（江門）
008 韶関
009 はじめての潮汕
010 潮州
011 汕頭

【遼寧省 - まちごとチャイナ】

001 はじめての遼寧省
002 はじめての大連
003 大連市街
004 旅順
005 金州新区

006 はじめての瀋陽
007 瀋陽故宮と旧市街
008 瀋陽駅と市街地
009 北陵と瀋陽郊外
010 撫順

【重慶 - まちごとチャイナ】

001 はじめての重慶
002 重慶市街
003 三峡下り（重慶〜宜昌）
004 大足

【香港 - まちごとチャイナ】

001 はじめての香港
002 中環と香港島北岸
003 上環と香港島南岸
004 尖沙咀と九龍市街
005 九龍城と九龍郊外
006 新界
007 ランタオ島と島嶼部

【マカオ - まちごとチャイナ】

001 はじめてのマカオ
002 セナド広場とマカオ中心部
003 媽閣廟とマカオ半島南部
004 東望洋山とマカオ半島北部
005 新口岸とタイパ・コロアン

【Juo-Mujin（電子書籍のみ）】

Juo-Mujin 香港縦横無尽
Juo-Mujin 北京縦横無尽
Juo-Mujin 上海縦横無尽

【自力旅游中国 Tabisuru CHINA】

001 バスに揺られて「自力で長城」
002 バスに揺られて「自力で石家荘」
003 バスに揺られて「自力で承徳」
004 船に揺られて「自力で普陀山」
005 バスに揺られて「自力で天台山」
006 バスに揺られて「自力で秦皇島」
007 バスに揺られて「自力で張家口」
008 バスに揺られて「自力で邯鄲」
009 バスに揺られて「自力で保定」
010 バスに揺られて「自力で清東陵」
011 バスに揺られて「自力で潮州」
012 バスに揺られて「自力で汕頭」
013 バスに揺られて「自力で温州」

【車輪はつばさ】
南インドのアイラヴァテシュワラ寺院には建築本体に車輪がついていて寺院に乗った神さまが人びとの想いを運ぶと言います。

・本書はオンデマンド印刷で作成されています。
・本書の内容に関するご意見、お問い合わせは、発行元の
　まちごとパブリッシング info@machigotopub.com までお願いします。

まちごとチャイナ
浙江省006はじめての寧波
～日本へつながる「海の駅」［モノクロノートブック版］

Digital Publishing

2017年11月14日　発行

著　者	「アジア城市（まち）案内」制作委員会
発行者	赤松　耕次
発行所	まちごとパブリッシング株式会社
	〒181-0013　東京都三鷹市下連雀4-4-36
	URL　http://www.machigotopub.com/
発売元	株式会社デジタルパブリッシングサービス
	〒162-0812　東京都新宿区西五軒町11-13
	清水ビル3F
印刷・製本	株式会社デジタルパブリッシングサービス
	URL　http://www.d-pub.co.jp/

MP140

ISBN978-4-86143-274-3 C0326　　　Printed in Japan
本書の無断複製複写（コピー）は、著作権法上での例外を除き、禁じられています。